ein Ullstein Buch

Ullstein Buch Nr. 3065
im Verlag Ullstein GmbH,
Frankfurt/M – Berlin – Wien

Für die Taschenbuchausgabe
neu eingerichtet

Umschlagentwurf:
Kurt Halbritter

Mit Genehmigung des Verlages
Bärmeier & Nikel, Frankfurt

Printed in Germany 1974
Gesamtherstellung:
Ebner, Ulm
ISBN 3 548 03065 3

Kurt Halbritter

Nach Strich und Faden

ein Ullstein Buch

Inhalt

Miniwelt

Zwergsiedlung in der Siebengebirgsgegend zur Zeit Schneewittchens. Diese Siedlung war die vorläufige Hauptstadt der Zwergenmonarchie Gnomanien gewesen. Durch geschichtliche Ereignisse lange Zeit in Vergessenheit geraten, wurde sie von den Gebrüdern Grimm im 19. Jahrhundert wiederentdeckt und im 20. Jahrhundert wiederaufgebaut. Heute ein beliebter Fremdenverkehrsort.

Singende Landszwergschar in zeitgenössischer Tracht und mit Bewaffnung auf dem Gartenweg in die Schlacht zur Zeit des 30-jährigen Krieges. Der Liedtext wird Amandus Ulrich zugeschrieben.

Zwergkrieger aus der preußischen Armee. Wie sehr sie verehrt wurden, beweist der Ausspruch eines sehr bekannten Staatsmannes dieser Zeit, der einmal niederschrieb: »Seit ich die Menschen kenne, liebe ich die Zwerge!«

Die Gartenzwerg-Reichsgründung.

Ein Kolossalgemälde des Hofmalers Kurt Halbzwerg.

Es ist erreicht!

»Die Zukunft des deutschen Zwerges liegt im Garten!« Diese schicksalsschweren Worte des ersten Monarchen des vereinigten Zwergenreiches (siehe Bild unten) verhallten nicht ungehört. Aus allen Klein-, Vor- und Schrebergärten ertönte das Klappern der Spaten und Harken, aber auch die kernigen Kommandorufe der Einjährigen Rekrutenzwerge erschallten, die in strammer militärischer Zucht ihren vaterländischen Pflichten nachkamen (wie das nebenstehende Bild veranschaulicht). Und alle, alle stimmten begeistert ein in den Ruf: »Wir wollen sein ein einig Volk von Zwergen!«

»Ich sehe keine Parteien mehr, ich sehe nur noch Zwerge!«

»Ich führe euch zwergigen Zeiten entgegen!«

Gelassenheit und Würde, väterliche Strenge und unternehmerischer Wagemut strahlen dem Beschauer aus dem Gemälde des Zwergwerkdirektors Krause entgegen. Die Gründerzeit war angebrochen. In allen Gärten rauchten neben den Tabakpfeifen auch die Schornsteine. Doch schon zogen am fernen Horizont bedrohlich die dunklen Wolken des Neides und der Mißgunst auf. Nahm es da wunder, wenn sich das sonst so friedfertige Zwergenvolk seiner militärischen Tradition entsann und bereit war, die teure Gartenerde mit Harke und Spaten zu verteidigen? Manch alter Veteran, der schon im Garten der Ehre wacker mitgekämpft hatte, folgte wieder dem Ruf der Waffen. Ob Offizier oder Gemeiner, alle waren von dem Gedanken beseelt: »An unserem Wesen soll die Welt genesen!«

Geschlagen – aber nicht besiegt

Die stolzen und hehren Bemühungen des deutschen Zwergenvolkes fanden von 1914 bis 1918 eine zwar längere, aber im Grunde genommen doch nur unwesentliche Unterbrechung. Waren die tapferen Zwergscharen auch geschlagen, besiegt werden konnten sie nimmermehr. Die Zeit war eben noch nicht reif für sie, und die Welt noch nicht reif für den deutschen Gartenzwerg.
Doch konnte man auf die Dauer ein ganzes Zwergenvolk einfach übersehen? Ein Volk, dessen Grabelust und Kampfeseifer in der ganzen Welt ohnegleichen waren? Schon begannen weitsichtige und verständnisvolle Staatsmänner das deutsche Zwergenvolk zu umwerben.
Auch im eigenen Lande ging es aufwärts. Nach der Last des Krieges erfreute man sich an den einschmeichelnden Melodien der Musikusse und schlürfte entzückt Maibowle und Himbeergeist. Doch was ein rechter deutscher Gartenzwerg war, der vergaß auch darüber nicht die Schmach, die seinem der Größe nach zwar kleinen, der Menge nach aber großen Volk angetan worden war. Zuerst im kleinsten Kreis, später in immer größeren Organisationen forderten sie die Wiederherstellung der merkwürdigerweise verloren gegangenen Gartenzwergehre, ohne die kein Gartenzwerg leben und kein Blümlein im Garten gedeihen kann. Und damit knüpften sie wieder an das große Werk ihrer Väter an.

WERDET WIEDER ZWERG-LICH!
NIE WIEDER GARTEN AR-BEIT!

Mit der Wiederentdeckung der nationalen Ehre und Würde überwand der deutsche Gartenzwerg die wesens- und gartenfremden Elemente der Nachkriegszeit und wurde wieder ein würdiger Zwerg, der sich nicht länger der Lächerlichkeit preisgab. Die Parole dieser Zeit lautete: ... übrigens, man gräbt wieder rechts.

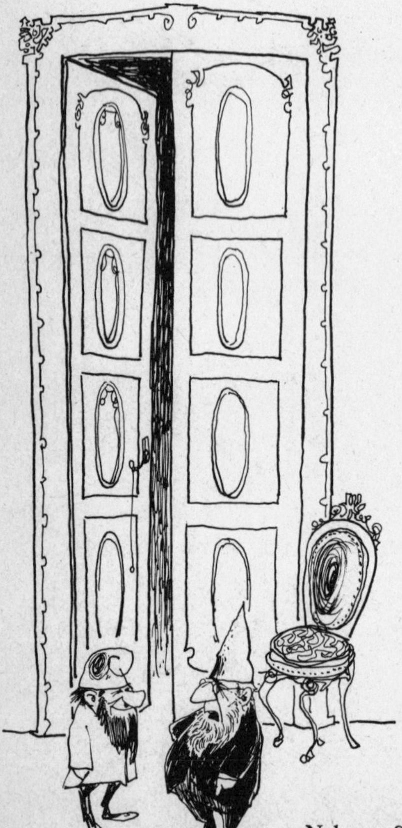

»Nehmen Sie diese Freidenkermütze ab!«

Orden und Ehrenzeichen

Das Pilzkreuz 1. Klasse (ungenießbar)

Der Hakenzwerg – die Ehrennadel für tausendjährige Gartenzwerge

Aerozwergorden mit zusammenklappbaren Flügeln

Der schwarze Zwergadlerorden mit Bart und Zipfelmütze

Der gespaltene Zwerg als Autostander

Ehrenplakette für »Verdiente Zwerge des Gartens«

Kannenplakette für erfolgreiche Gartenbewässerung

Die Zeit vor dem Gartenwunder

Fleißig wie die Heinzelmännchen begannen die Gartenzwerge mit dem Wiederaufbau der schwer verwüsteten Gärten.

Die »Arbeitsgemeinschaft für die Wiedervereinigung« bei einer ihrer wichtigen mündlichen Verhandlungen.

Heimzwergstatt für Kunstgezwerge

»Die Nutzlosigkeit dieser Dinger ist nicht mehr zu überbieten...

... andererseits bekomme ich 98 Pilzchen für das Stück...

... und im Akkord schaffe ich gut und gerne meine 4½ Stück in der Stunde...

... das sind pro Zwergtag 54, in der Woche ... im Monat ... und im Jahr...

... und in 25 Jahren bin ich Zwergwerkdirektor – dann werde ich mir einen richtigen Garten kaufen...

... eigentlich sind sie gar nicht so übel...

... der da ist besonders nett

. . . ich behalte sie alle!«

Das Liebesleben im Garten

Wenn auch kein lebendes menschliches Wesen das geheimnisvolle und rätselhafte Liebesleben der Gartenzwerge beobachten konnte, so bedeutet das keineswegs, daß es derartiges Liebesleben nicht gäbe. Die natürliche Scheu und die auffallende Intelligenz der Zwerge haben derartige Beobachtungen bisher unmöglich gemacht. Ähnliche Schwierigkeiten begegnen Wissenschaftler ja auch bei anderen Lebewesen, von denen aber jeder weiß, daß sie sich fortpflanzen. Warum sollte also ausgerechnet der Gartenzwerg eine Ausnahme machen?
Kritiker mögen vielleicht einwenden, daß eine derartige Argumentation als Beweisführung nicht ausreiche. Es gibt aber ein entscheidendes Faktum, das selbst den größten Skeptiker überzeugen dürfte: Wie anders als durch eine natürliche Fortpflanzung – so fragen wir – ist die sprunghafte Vermehrung der Gartenzwerge in fast allen Gärten zu erklären? Wie kommt es – so fragen wir weiter –, daß von Monat zu Monat, ja sogar von Tag zu Tag das Geschlecht der Gartenzwerge immer größer wird? Wir haben durch exakte statistische Erhebungen ermittelt, daß sich die Anzahl der Gartenzwerge innerhalb der letzten Jahre, die für das biologische Wachstum dieser Lebewesen außerordentlich günstig waren, nahezu verhundertfacht hat! Damit dürfte der letzte Beweis dafür erbracht worden sein, daß es auch für den Gartenzwerg, wie für alle Lebewesen im Garten, ein echtes Liebesleben gibt.

»Weißt du, wovon ich heute nacht geträumt habe? – Von einer Frau!«

»Ist ja schön – aber ein bißchen unnütz.«

Im Zuge der 5-Grabe-Woche fanden die Gartenzwerge nach Jahren anstrengender Aufbauarbeit mehr Zeit und Muße für ein harmloses Vergnügen nach Feierabend.

Jeder einmal in Paris

Zwergkussel

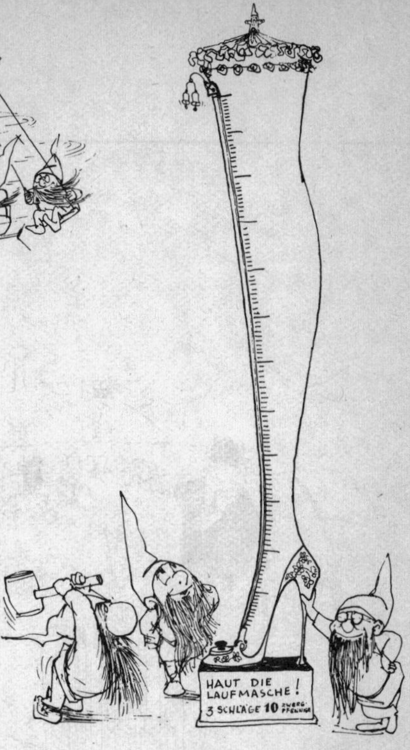

Bis ganz nach oben schafft es selten ein Zwerg

Zwergkuß

»Wie kann man sich nur solchen Kitsch in den Garten stellen!«

Kasernenwelt

»Und dort drüben beginnt Feindesland!«

DER DANK
DES VATERLANDES
IST EUCH GEWISS

KLEIDERAUS-
GABE von:

»Paßt!«

»Na, dann wollen wir mal aus Ihnen anständige Menschen machen.«

»Alles Überflüssige hier abliefern!«

»Wer von Ihnen kann Klavier spielen, meine Herren?«

». . . noch drei Sekunden . . .«

»Eine wahre Fundgrube, unser Ausguck!«

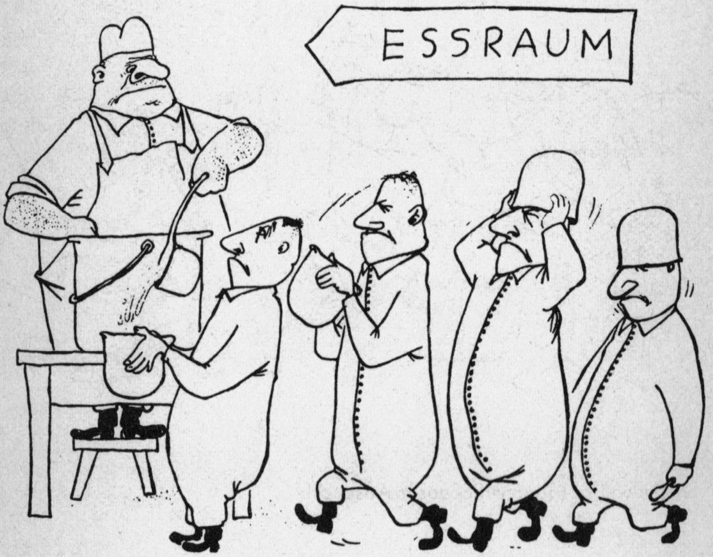
ESSRAUM

»Na, schmeckt's Kameraden?«

». . . 78 – 79 – 80 – Halt! Fertigmachen zum Dienst!«

»Schneidig, schneidig – man könnte stundenlang zuschauen.«

»Ich bin gerne Soldat ... ich bin gerne Soldat ... ich bin gerne ...«

»Das muß ein Neuer sein: er hält sich noch an die Vorschriften!«

»Rrrühren Sie sich bloß nicht!«

»Ein Lied . . . drei . . . vier!«

»Wie ich sehe, hat Herr Oberfeldwebel einen guten Witz erzählt.«

»Ich höre noch immer nichts!«

Ko!

»Zurück, – marsch, marsch!«

»Und hier, mein Töchterchen, etwas ganz Schönes für dich!«

»Hurra, Vati ist da! – Jetzt spielen wir Soldaten.«

»Oh, ich sehe gerade, Ihr Gatte hat ja einen Orden weniger als meiner.«

»Hallo, Meier, ich brauche noch einen Freiwilligen.«

»Ich habe gar keine richtige Urlaubsstimmung – muß immer an die Kaserne denken.«

»Lieber Junge, ich wäre gern Soldat geworden – wenn mich das Vaterland nur gerufen hätte ...«

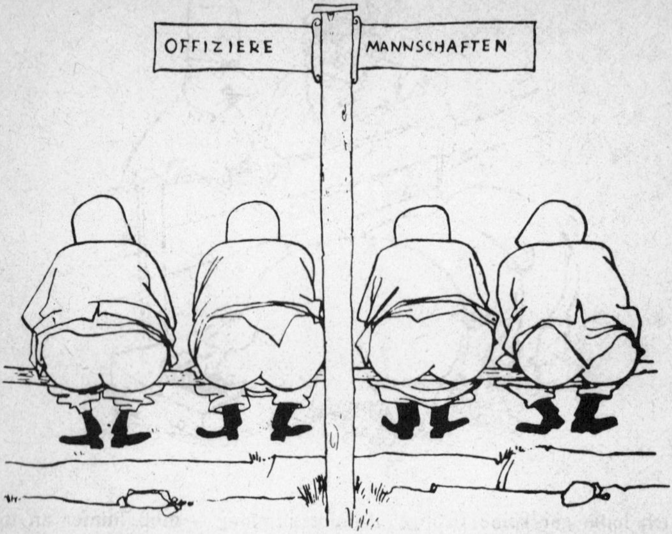
OFFIZIERE
MANNSCHAFTEN

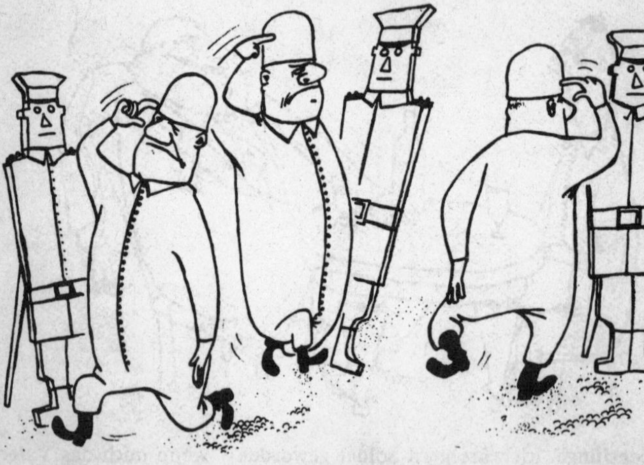

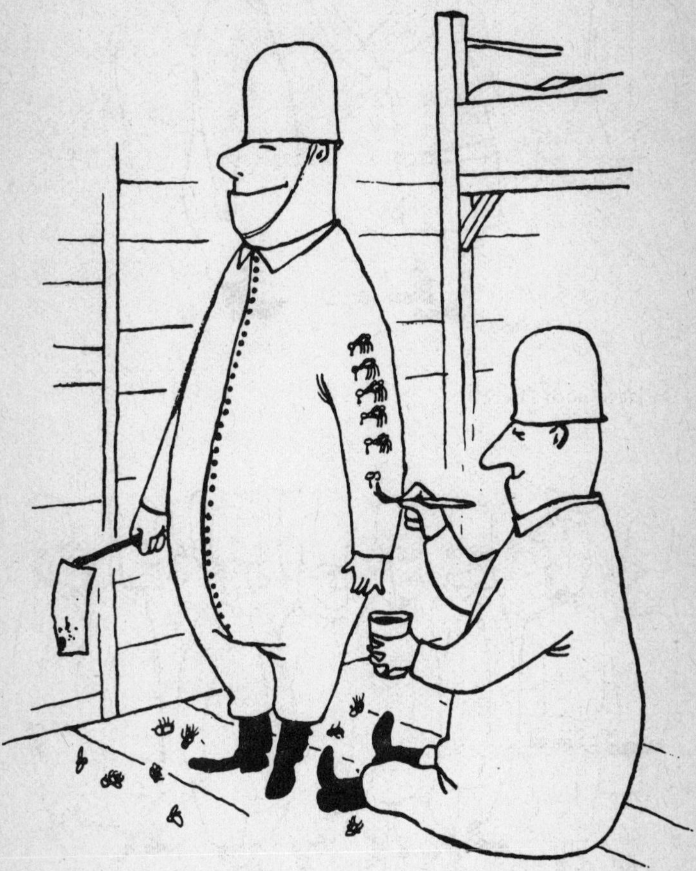

»Da ist ja noch Dreck!«

»Männer, wenn ich euch in die Augen sehe – dann weiß ich, daß euere Begeisterung keine Grenzen kennt!«

»Und denken Sie daran, Hauptmann – der Befehl lautet: Stellung wird bis zum letzten Mann gehalten.«

»Rada-da-da-da . . . und da fielen sie wie die Fliegen.«

»Bitte Herrn Leutnant, vorbeigehen zu dürfen.«

»Lumpiger Sieg! – Mit diesen geringen Verlusten kommen wir nicht einmal in den Wehrmachtsbericht.«

»Ich behaupte immer noch: er simuliert!«

»Und warum, mein Sohn, hast du den Befehl nicht verweigert?«
»Du lieber Gott – waren Sie schon mal beim Militär?«

Arbeit macht frei

BISMARCKKASERNE
KEINE KASERNIERUNG, SONDERN: ZUSAMMENFASSUNG IN GEMEINSCHAFTS= UNTERKÜNFTEN.
LAGER-DANZIG
MELDUNG IN BARACKE 17
. . .
SIE DENKEN DOCH WOHL NICHT...
MÜLLER, SIE SCHWEIN, IHNEN WERDE ICH NOCH...
AUCH KEINE UNIFORM, SONDERN: EINHEITLICHE ARBEITSKLEIDUNG.
... ORDNUNG UND SAUBERKEIT BEIBRINGEN!
. . .
... AN ETWAS ÄHNLICHES WIE DEN UNSELIGEN...
OH, DU SCHÖÖÖÖÖNER WEHEHESTERWALD...
UND VOR ALLEM, KEINE MILITANTE AUSBILDUNG, SONDERN: GEORDNETER ARBEITS= EINSATZ! DEICHBAU, AUTOBAHN UND SO.
DIESE UNTERSTELLUNG VERBITTE ICH MIR!
ÜBER DEINEN HÖHEN PFEIFT DER WIND SO KALT, JEDOCH...
... REICHS= ARBEITSDIENST?

»Denn wir fahren – denn wir fahren – denn wir fahren …«

Unterwelt

The Murder Brothers ist der Name, auf ihr Kopf steht Haufen Geld, und von wegen die Reklame werden sie hier vorgestellt.

Stanislaus ist Boß von allen, ist sich Würde sehr bewußt. Zieht erst Colt, dann läßt er knallen – trifft sich Opfer in die Brust.

Kleiner Mann hier heißt Ignazio, trägt er Munitionskasett. – Mit viel Charm und noch mehr Grazio ist sehr höflich er und nett.

Sehr viel klug – doch schwer verschlossen ist Alfredo, drittes Mann. Hat Alfredo erst geschossen, Opfer nicht mehr sprechen kann.

Anton schießt erst und dann denkt er – ist nicht klug, doch langes Latt. Was mit Mühe hat gelernt er, er sehr schnell vergessen hat.

Meine Freunde und Genossen, lacht nicht! – Das ist Rat von mir. Denn wer lacht, der wird erschossen von The Murder Brothers hier!

»... aber selbstverständlich leisten wir ehrliche, saubere Arbeit, das entspricht den Grundsätzen unseres Institutes!«

»Haben wir die Ehre, Herrn Igor Borovsky gegenüberzustehen?«

»Bitte, entschuldigen Sie, wir haben nur unsere Pflicht getan.«

»Ich sagte: Die Kanone ist nicht geladen, weil ich sie vorhin geputzt habe!«

». . . und geben wir Ihnen umgehend unsere neue Anschrift bekannt . . .«

»Also Boys, wer ist denn nun der Vater?«

»... und so möchten wir Sie bitten, monatlich DM 150,– von irgendeinem Konto an besagte Dame zu überweisen.«

»Ignazio, meinen Korkenzieher!«

»Wir kommen alle – alle – alle – in den Himmel . . .«

».. . will man den Kopf treffen, empfiehlt es sich, auf die Beine zu zielen . . .«

»Ganz einfach – wenn du hier drückst, geht die Spritze los!«

»Tief links halten!«

LEIHHAUS
ANKAUF
SAMUEL & SOHN
VERKAUF
38

».. . und das hier ist wohl Dynamit?!«

»He, Ignazio, was hat der Boß für Stimmung?«

»... und vergiß nicht, die Klingel zu laden!«

»Wenn du die Fliege getroffen hast, komm nach!«

»Freunde, macht euch fein – wir haben wieder einen Kunden!«

»Wir hätten gerne etwas vorbereitende Fachliteratur!«

»Haben Sie nicht wenigstens einen ganz kleinen Auftrag für uns?«

»Aber ich bitte mir aus: Leise!«

»Noch so einen Auftrag, und wir schaffen uns einen Kombi an!«

»... Ksch, Ksch...«

»Also noch einmal! – Die Granate abziehen und nicht von 1 bis 23, sondern von 20 bis 23 zählen, dann werfen ...«

»... wo das Geld ist!! – Kohlen – Pinkepinke – Marie!!!«

»Ich werde Ihnen geben, eine anständige Dame auf offener Straße anzureden!«

»Pssst! – Streng vertraulich! – Es handelt sich um einen Regierungsauftrag!«

»Mach du's! – Du bekommst auch das größte Stück!«

STOP
GELD ODER LEBEN!
THE MURDER-BROTHERS
THE MURDER BROTHE
1

FROHE FAHRT
P
2

»Stehen Sie auch Schmiere?«

»Polente?« – »Viel schlimmer! THE MURDER SISTERS!

THE

MUNITION

»Mehr Respekt, mein Sohn – nimm den Hut ab!«

»Wenn du noch mal Hochwürden verärgerst, sag ich es den Murder Sisters!«

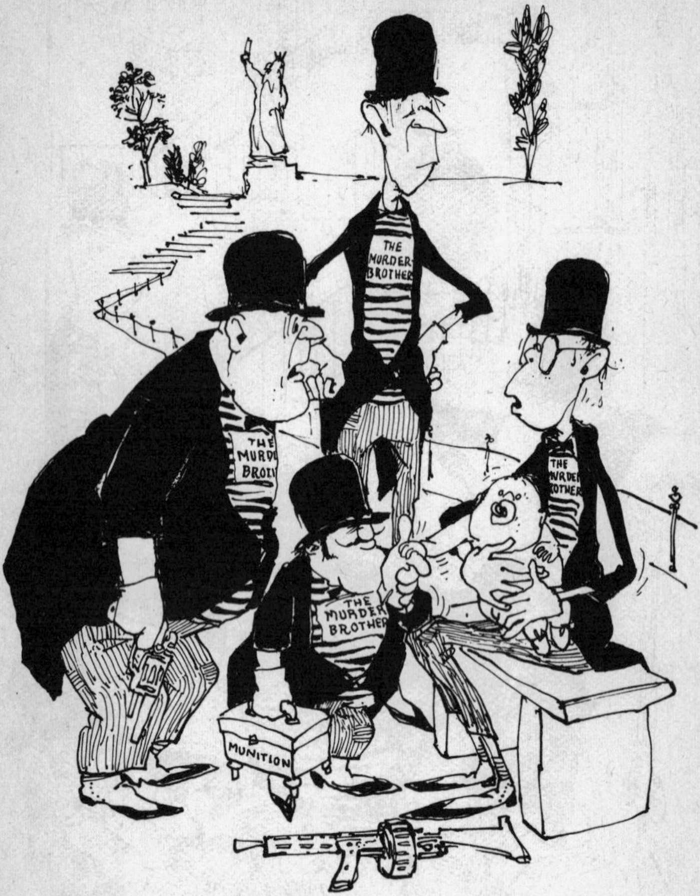

»... Sie hat mich gebeten, auf den Kleinen aufzupassen, sie käme gleich wieder. – Das war vor zwei Tagen!«

»Stanislaus ist bei den Sisters drüben und geigt ihnen die Meinung!«

»Aufhören – oder ich schieße!«

MUNITI

»... Ratatatatatatata!«

»Bitte, bitte helfen Sie uns, die Sisters sind hinter uns her!«

»Lieber Gott, laß es einen Alptraum sein!«

»Feiglinge!«

»Hochwürden, bestellen Sie das Aufgebot!«

THE
MURDER-

THE MURDER-BROTHERS
THE MURDER-BROTHERS

THE MURDER BABYS
THE MURDER BABYS
THE MURDER BABYS

Hinterwelt

das bin ich

Ich heisse Johannes und sitze
im Gefängnis. Ich fühle mich sehr
wohl hier und freue mich dass
ich hier sein darf.
Die Wärter habe ich sehr gern.
Es gibt viele die ins Gefäng-
nis müssten sagen sie. Aber
die sollen nur draussen bleiben
das Gefängnis muss für die armen
Leute reserfiert bleiben.
Manchmal bin ich ganz traurig weil
ich nicht weiss wie lange das Leben
noch so schön ist. Aber dann bin
ich auch wieder lustig und mache Witze.
Dann sagen die Wärter ich bin ein ~~Filo-~~
~~sof~~ Filosoph. Wenn ich einmal alt bin
schreibe ich auch ein Buch wie die
andern die schon im Gefängnis waren.
Ich tu aber dann nur Schönes hin-
einschreiben. Das gibt dann ein
Bestzeller. Für das Geld dass ich dann
verdiene kaufe ich mir Vorhänge
für meine Fenster und einen
grünen Blumenkasten.
Und für mein ~~Mau~~ Mäus-
lein ~~so~~ kaufe ich einen
Rosinenkuchen.
Dann kann ich mein
ganzes Leben lang ruhig
und zufrieden Leben.
Viele Grüsse Euer
Johannes.

JOHANNES

JOHANNES

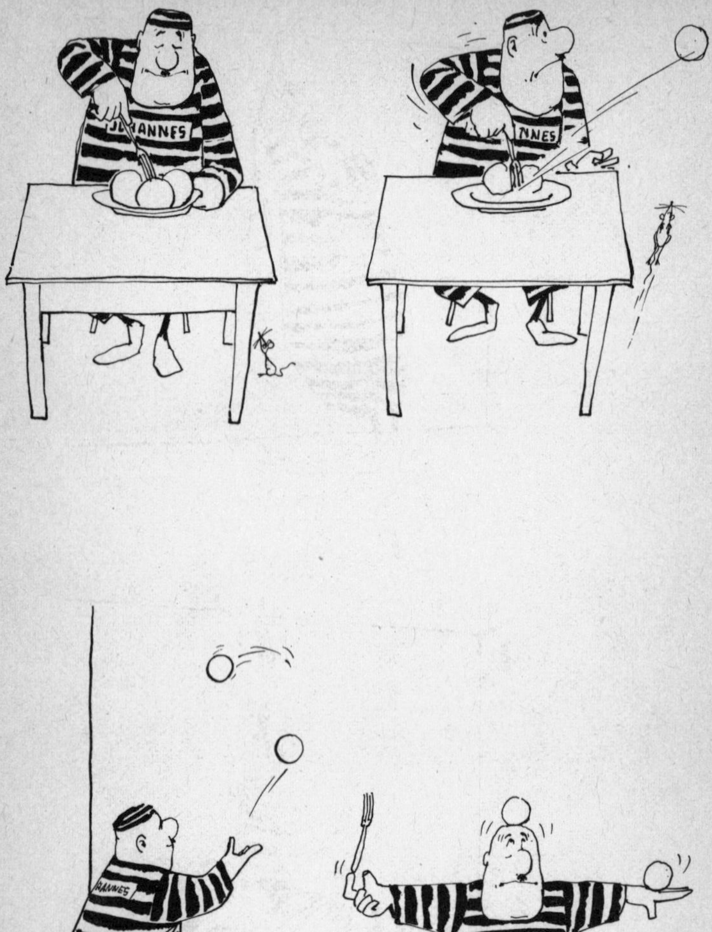
JOHANNES
JOHANNES

INNES

JOHANNE
SAMEN

JOHANNES

JOHANNES

JOHANNES

JOHANNES

JOHANNES

JOHANNES

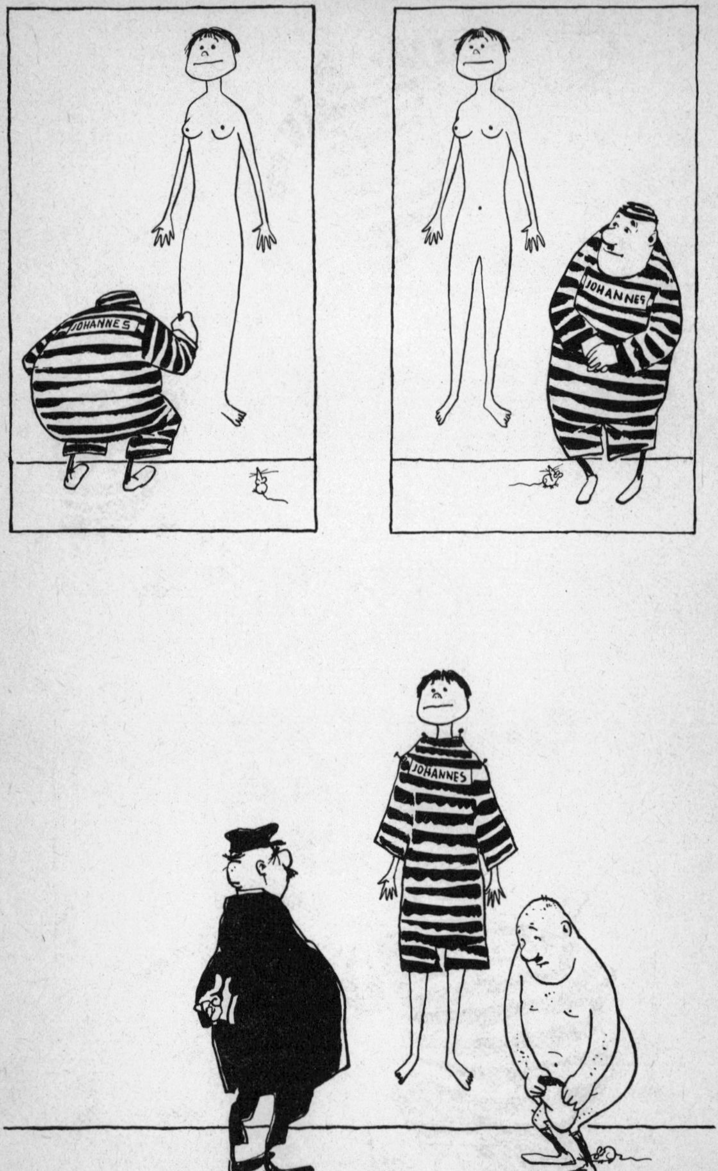
JOHANNES
JOHANNES
JOHANNES

JOHANNES

JOHANNES

BAR

NICHT
HINAUSLEHNEN

JO-1813
DIOGENES
UR UR GROSSVATER
JO
UR GROSSVATER
HANNES
17+4
1911
GROSSVATER
JOHN
VATER
JOHANN
JOHANNES

JOHANNES
JOHANNES

JOHANNES

JOHANNES

JOHANNES
JOHANN
JOHANNES
JOHANNE

ENTLAS-
SUNG!
JOHAN

JOHANNES
UNSE-
REM
TREU-
ESTEN
GEFANGE-
NEN

Halbwelt

»Pardon, sprechen Sie deutsch?« – »Wozu?«

»... die Filmwirtschaft braucht solche Talente wie Sie.«

»Welche Seite meinst du, Liebling?«

Bar-Gespräche

»Neulich habe ich 17 Glas Sekt getrunken und ich bin nicht besoffen gewesen ...«

Neulich sollte ich einem ›Künstler‹ Modell sitzen – dabei war er Holzhändler.«

»Pustekuchen, hab' ich gesagt – schlaf bei deiner Alten.«

»Hast du schon gehört, die Gusti, die hat ... ja, was meinst du wohl, was sie hat?«

»Sag doch mal, bist du glücklich?«

»Beten können müßte man.«

»Manchmal glaube ich ja auch,
das Leben könnte schöner sein.«

»Heute hat mich mein Lehrer gestreichelt.«

»Tanzt du gerne mit mir?«

»Bonjour, Tristan, mach leise – Vati hat nebenan auch noch Besuch.«

»Keine Angst, meine Liebe, ich bürge für diesen Film.«

TAXIGIRLS
RUF. 10001
TAXIGIRLS
RUF. 10001

»Und viele, viele Kinder wünsche ich mir von dir.«

»Nimm die Finger da weg und gib mir endlich Feuer.«

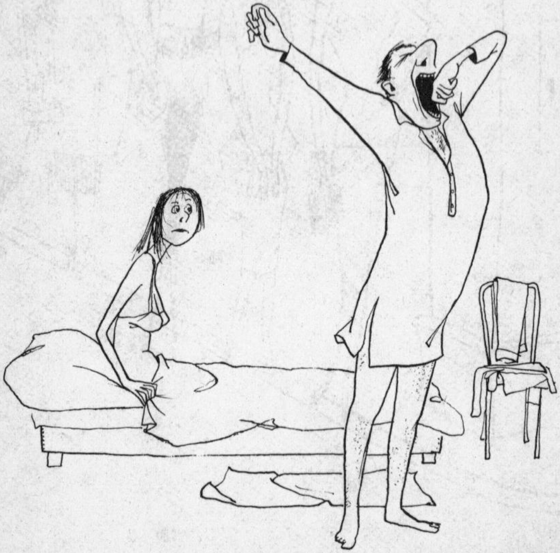

»Wieso schlechtes Gewissen? – Ich fühle mich sauwohl.«

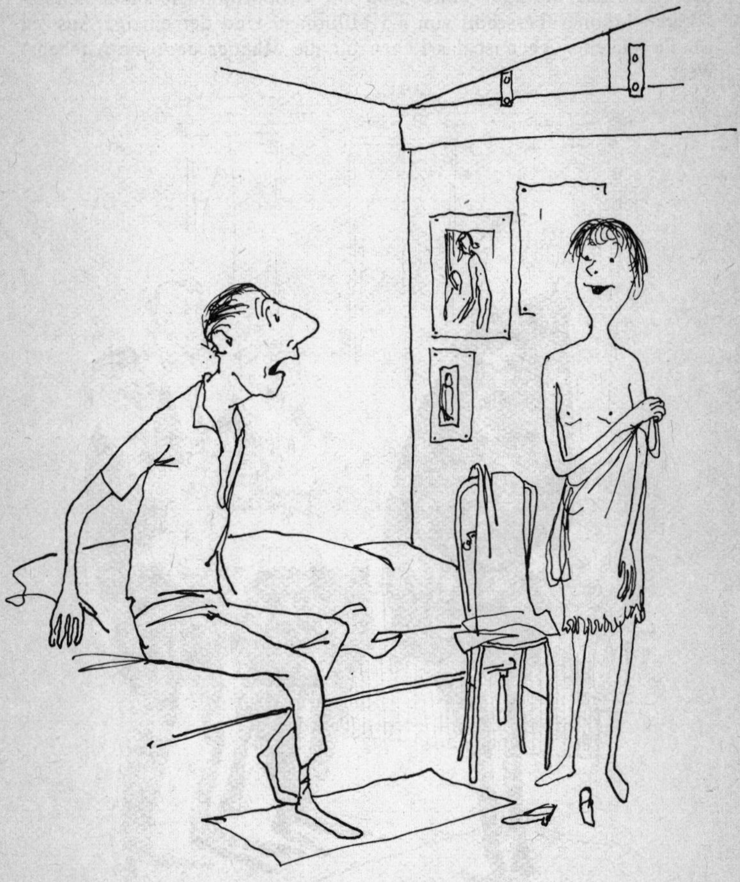

»Bist du etwa abergläubisch, weil ich erst 13 bin?«

Hilfe, die Frauen werden rar!

Englands Männer sind in Not. Sie werden bald ihre Frauen teilen müssen. Dozent Jan McLuckie von der Technischen Hochschule in Hatfield hat errechnet: Bis zum Jahre 2000 hat Großbritannien einen heiratsfähigen Männerüberschuß von 4,5 Millionen. Und der einzige Ausweg ist die Vielehe. Aber ist das Leben für die Männer dann noch lebenswert?

»... und bitten um die Hand Ihrer Tochter!«

»Dürfen wir Ihnen unsere Frau vorstellen?«

»Also gut – wer kurz zieht, hat gewonnen!«

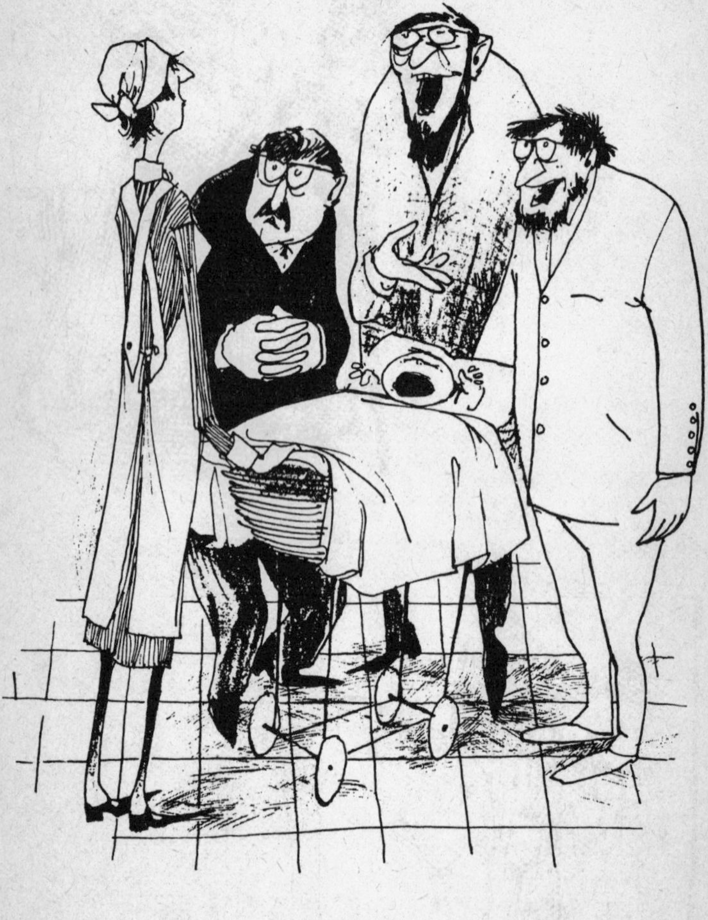

»Schwester, entscheiden Sie – wem von uns sieht er ähnlich?«

»Du könntest mit Bubi ruhig noch ein Stündchen spazierengehen.«

»Früher sammelte ich Briefmarken.«

»A propos – wie stehen eigentlich die Mannesmann-Aktien?«

Die Teufelsaustreibung

»Ich habe eben bei ihm gebeichtet.«

»Erstens bin ich nicht um ein Uhr nach Hause gekommen, sondern um drei. – Zweitens war nicht Franz bei mir, sondern Hans – und drittens ist das Ei viel zu hart, liebe Mama!«

»Wie kommst du plötzlich darauf, daß wir heiraten sollten?«

»Wenn die Dame aber nicht immer dieselbe ist, kostet das Zimmer das Doppelte.«

»Schande, schon drei Jahre verheiratet und noch kein Kind.«

»Kannst du was Genaues sehen?«

»Mama, ist dir was?«

»... er benötigt das Milieu für den Französischunterricht ...«

Die gegen Entgelt dargebotene Liebe bleibt steuerfrei! So entschied der Bundesfinanzhof, das höchste deutsche Finanzgericht.

»Bist du wirklich vom Bundesfinanzhof?«

»Oder wollen Sie erst die Bücher prüfen?«

»Mein Mann hat lange überlegt, ob er es erlauben soll – das Wort ›steuerfrei‹ brachte ihn dann zur Vernunft!«

»Aaah ... immer an dieser Stelle spüre ich eine sexuell erregende Wirkung!«

»Ich zeige diese verwerfliche Stelle noch einmal in Zeitlupe!«

»Und hier also, Herr Staatsanwalt, war Ihr Schamgefühl so verletzt, daß Sie die Seiten herausreißen mußten?«

Bitte beachten Sie
die folgenden Seiten

Heiterkeit braucht keine Worte

Karikaturen
gesammelt
von Erich Kästner

Band 1
Ullstein Buch 2821

Band 2
Ullstein Buch 2837

ein Ullstein Buch

»Lieber Nichtleser!
Betrachten Sie in Muße diese lustigen und boshaften Bilder ohne und fast ohne Worte! Es sind Geschichten. Es sind Kurzgeschichten. Es sind kürzeste Geschichten. Shortest stories. Meist wird nur die Pointe berichtet und die Geschichte weggelassen, doch auch das ist ja ein literarisches Kunststück. Und die Zeichner haben es darin weitergebracht als die Schriftsteller.«
Erich Kästner
in seiner Einleitung

Heiterkeit kennt keine Grenzen

Humor der Welt
gesammelt
von Erich Kästner

Band 1
Ullstein Buch 2827

Band 2
Ullstein Buch 2855

Band 3
Ullstein Buch 2870

ein Ullstein Buch

Erich Kästner hat sich aufgemacht, den Humor außerhalb des deutschen Sprachgebiets zu erforschen, und legt hier wahrhaft reiche Beute vor: Kabinettstücke geschriebenen und gezeichneten Humors. Vieles stammt aus den Federn großer und bekannter Literaten und Zeichner, aber auch die weniger berühmten hat Kästner aufgespürt und entdeckt und bereichert damit diese Palette des Humors.

Loriots

Wegweiser zum Erfolg

Ullstein Buch 427

ein Ullstein Buch

»Humorlose Gemüter seien auf das heftigste vor diesem Wegweiser gewarnt. Denn wer die tolldreisten Ratschläge des zeichnenden Moralisten Loriot allzu ernst nimmt, findet garantiert nicht den Weg zum Erfolg, sondern zu einer Kette katastrophaler Mißerfolge. Doch nimmt man die in diesem Taschenbuch gesammelten Tips und Hinweise auf die richtige, leichte Schulter – so erlebt man eine angenehme Schmunzelstunde mit tieferer Bedeutung.«

Berliner Morgenpost